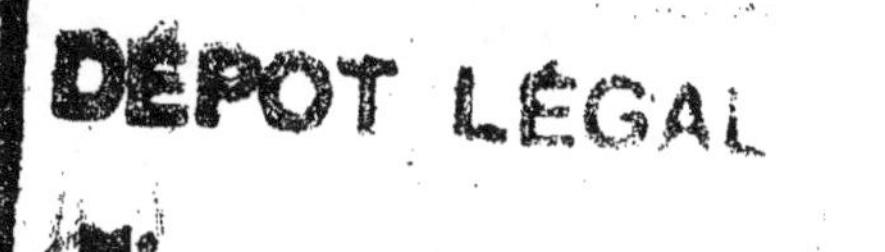

CHAMBRE DE COMMERCE
DE MARSEILLE

APPLICATION

DE

L'Impôt du Timbre aux Lettres de Voiture

ET

Écrits relatifs aux Contrats de Transport

RAPPORT

Présenté par M. Émile FRANCESCHI

MEMBRE DE LA CHAMBRE DE COMMERCE

Et adopté par cette Compagnie dans sa séance du 6 mars 1924.

MARSEILLE
TYPOGRAPHIE ET LITHOGRAPHIE BARLATIER
17-19, Rue Venture, 17-19

1924

CHAMBRE DE COMMERCE
DE MARSEILLE

APPLICATION

DE

L'Impôt du Timbre aux Lettres de Voiture

ET

Écrits relatifs aux Contrats de Transport

RAPPORT

Présenté par M. Émile FRANCESCHI

MEMBRE DE LA CHAMBRE DE COMMERCE

Et adopté par cette Compagnie dans sa séance du 6 mars 1924.

MARSEILLE

TYPOGRAPHIE ET LITHOGRAPHIE BARLATIER

17-19, Rue Venture, 17-19

—

1924

CHAMBRE DE COMMERCE DE MARSEILLE

EXTRAIT DU REGISTRE DES DÉLIBÉRATIONS

Séance du 6 Mars 1924

Tenue sous la présidence de M. EMILE RASTOIN

ET A LAQUELLE ONT ASSISTÉ :

MM. Emile Rastoin, président ; Edgard David et Paul Thierry, vice-présidents ; J.-B. Dauphin, membre-secrétaire ; Georges Brenier, membre-trésorier ; Louis Imbert, Philippe Rieu, Emile Lévy, Léon Bourdillon, Antoine Ged, Emile Roustan, Jean-Marie Favre, Maurice Hubert, Victor Lombard, Antoine Boude, Emile Franceschi, Berthon de la Gardière, Alphonse Combarnous, Félix Prax, soit 19 membres sur 24 en exercice dont se compose la Chambre.

. . . .

M. Emile FRANCESCHI donne lecture, au nom de la Commission des Transports, du rapport suivant sur *l'application de l'impôt du timbre aux lettres de voiture et écrits relatifs aux contrats de transport :*

MESSIEURS,

Nous sommes amenés une fois de plus à constater combien il est difficile d'adapter une législation séculaire à l'organisation moderne et les dangers que fait courir au monde des affaires son application par des fonctionnaires dont la compétence théorique est indiscutable mais qui sont naturellement portés par leur zèle fiscal vers une interprétation des textes trop littérale et souvent abusive.

Il s'agit de la loi du 13 brumaire an VII dans la partie qui concerne le timbre sur les lettres de. voitures, c'est-à-dire l'article 12, 1° § 11, ainsi conçu : « Sont assujettis au droit de « timbre établi en raison de la dimension, tous les papiers « employés pour les actes et écritures, soit publics, soit privés, « savoir :

. . . .

« § 11. — Et généralement tous actes et écritures, extraits, « copie et expéditions, soit publics, soit privés, devant ou pou- « vant faire titre ou être produits pour obligation, décharge, « justification, demande ou défense. »

Il s'agit aussi de la loi du 11 juin 1842 :

« Article 6. — A partir de la promulgation de la présente « loi, les lettres de voiture et les connaissements ne pourront « être rédigés que sur du papier timbré fourni par l'Adminis- « tration ou sur du papier timbré à l'extraordinaire.

« Article 7. — Pour toute lettre de voiture ou connaissement « non timbré, la contravention sera punie d'une amende paya- « ble solidairement par l'expéditeur et par le voiturier s'il « s'agit d'une lettre de voiture et par le chargeur et le capitaine « s'il s'agit de connaissement. »

Il est certain que le rédacteur de cette loi ne pouvait prévoir qu'un jour les transactions commerciales deviendraient aussi importantes, variées et complexes qu'elles le sont aujourd'hui. C'était une loi organique dont les principes auraient dû évidem- ment être commentés ou amendés par des textes nouveaux qui suivraient l'évolution.

Il faut croire cependant que la loi était assez claire puisque pendant de longues années, il n'y eut pas de difficultés. Seuls étaient soumis au timbre, au titre des transports, les lettres de voiture et les récépissés bien destinés à la répartition à l'arrivée, entre les divers destinataires, des colis groupés au départ par un commissionnaire de transport, dans le but de bénéficier des tarifs réduits de chemins de fer réservés aux expéditions d'une certaine importance.

Mais de 1910 à 1912 l'Administration de l'Enregistrement des Domaines et du Timbre se livra chez des transporteurs à des investigations au cours desquelles elle saisit les documents les plus divers qu'elle prétendit soumettre au timbre sous le couvert de la loi du 13 brumaire.

Opposition fut faite à la taxe et deux importants procès vinrent devant le Tribunal Civil de la Seine qui débouta les plaignants. L'un de ces jugements fut porté devant la Cour de Cassation et le pourvoi rejeté (Chambre des Requêtes, 11 mai 1915).

A cette occasion la Cour Suprême a décidé que nonobstant la mention inscrite sur les pièces incriminées que celles-ci ne pouvaient servir de lettres de voiture, il y avait lieu de les considérer comme un titre soumis à la loi sur le timbre.

Il s'agissait en l'espèce d'écrits rédigés sur papier libre portant la date de leur création, le nom de l'expéditeur, celui du commissionnaire, l'adresse du destinataire, le lieu de départ et d'arrivée, la valeur et la nature de la marchandise, la signature des expéditeurs et le cachet de leur maison. C'étaient donc tout simplement des lettres ordinaires par lesquelles un expéditeur priait son correspondant transitaire d'acheminer vers sa destination définitive une marchandise qu'il lui adressait.

A la suite de ce succès l'Administration se crut autorisée à accentuer son action et après la guerre ses rigueurs ne tardèrent pas à se manifester de nouveau.

Les groupements intéressés s'émurent. La Chambre de Commerce de Lyon ayant interrogé le directeur de l'Enregistrement, celui-ci lui répondit par une lettre du 14 octobre 1921 qui faisait connaître le point de vue de l'Administration :

« En matière de transport par voie de terre, disait ce
« document, la rédaction d'un écrit n'est pas obligatoire ;
« lorsqu'il est rédigé, cet écrit ou lettre de voiture est soumis

« aux dispositions générales de l'article 12 de la loi du
« 13 brumaire an VII, c'est-à-dire qu'il est dû autant de droits
« de timbre que les parties ont dressé d'écrits destinés à faire
« titre.

« D'ailleurs pour donner ouverture à l'impôt il ne suffit
« pas qu'un écrit soit créé. D'une part il est nécessaire que cet
« écrit soit signé ou revêtu de la griffe ou de l'estampille de la
« personne qui l'a rédigé, ou encore soit établi sur une formule
« imprimée de sa maison de commerce ; d'autre part il est
« nécessaire qu'il renferme la plupart des indications énumé-
« rées pour les lettres de voiture par l'article 102 du Code de
« Commerce. Il faut enfin que cet écrit soit en la possession
« de la personne qui ne l'a pas rédigé pour former titre à son
« profit.

« L'exigibilité de l'impôt est donc une question d'espèce. »

. . . .

Plus loin : « Il importe peu au surplus que ces écrits soient
« rédigés sous forme de lettres missives, ils ne doivent pas
« moins être établis sur timbre du moment qu'ils contiennent
« les indications nécessaires et qu'ils ont pour but de fournir
« au destinataire une pièce pouvant servir de preuve au
« contrat de transport. »

. . . .

Plus loin encore : « Par suite, il est certain que chaque
« écrit se rapportant à un transport et remis par un expéditeur
« à son commissionnaire ou par ce dernier à son client, peut
« donner ouverture à l'impôt ; il en est ainsi particulièrement
« des notes ou déclarations d'expédition adressées aux entre-
« preneurs de transport si ces écrits remplissent les conditions
« de forme énumérées ci-dessus.

« Sans doute dans cette hypothèse il est exigé plusieurs
« droits de timbre pour le transport d'une même marchandise,
« mais il n'est pas au pouvoir de l'Administration d'atténuer
« la portée des lois fiscales quelque rigoureuse que leur appli-
« cation puisse paraître en certains cas. »

N'est-ce pas la reconnaissance du caractère excessif de cette interprétation, des abus auxquels elle peut entraîner et l'aveu très net par l'Administration de l'esprit dans lequel elle comptait faire application de la loi sans se rendre compte des perturbations qu'elle allait provoquer ? C'était à n'en pas douter l'arbitraire de ses agents qui présidait à son intervention et l'ère des conflits qui allait de nouveau s'ouvrir.

Dès 1922 la Chambre de Commerce de Vienne était saisie par l'un de ses commettants du cas suivant : Un commerçant a des marchandises à livrer à plusieurs clients dans une autre ville que celle où il est établi. Afin de pouvoir éviter la surcharge des frais de transport pour les expéditions inférieures à 50 kgs, ce commerçant réunit plusieurs expéditions de ses marchandises, les fait parvenir à l'adresse d'un camionneur qui doit en prendre livraison en gare et auquel il adresse des instructions par lettre, le chargeant d'en faire la remise à chacun des clients auxquels elles sont destinées. L'Administration a décidé que cet écrit était soumis au timbre ; elle donnait ainsi un sens élargi à la définition de la lettre de voiture de l'article 102 du Code de Commerce qui est ainsi conçu : « La lettre de voiture « doit être datée, elle doit exprimer la nature et le poids ou la « contenance des objets à transporter, le délai dans lequel le « transport doit être effectué. Elle indique le nom et le domicile « du commissionnaire par l'entremise duquel le transport « s'opère s'il y en a un, le nom de celui à qui la marchandise « est adressée, le nom et le domicile du voiturier.

« Elle énonce le prix de la voiture, l'indemnité due pour « cause de retard, elle est signée par l'expéditeur ou le com- « missionnaire, elle présente en marge les marques et numéros « des objets à transporter. »

Or il s'agissait de simples lettres missives qui ne conte- naient certainement pas tous les éléments de la lettre de voiture.

La Chambre de Commerce de Vienne protestait contre cette

interprétation abusive et demandait un nouveau texte de loi pour amender celle du 13 brumaire an VII.

Questionné à la même époque, le directeur général de l'Enregistrement répéta que l'impôt était dû du moment que l'écrit pouvait faire titre entre les mains du transporteur contre le chargeur et quelle que soit la forme en laquelle il est rédigé.

La Chambre de Commerce de Marseille ne tarda pas à intervenir. Le 9 septembre 1922 elle adressait à M. le Ministre du Commerce une lettre dans laquelle elle soulignait le caractère abusif des prétentions administratives, lui indiquait qu'au taux du timbre alors en vigueur, 2 ou 4 francs suivant la dimension du papier, cet impôt grevait le transport d'une charge tout à fait excessive et elle réclamait son intervention pour amener l'Administration de l'Enregistrement, des Domaines et du Timbre à une interprétation plus exacte et plus raisonnable des textes.

Après avoir indiqué qu'il transmettait la protestation aux Ministres des Travaux Publics et des Finances, M. le Ministre du Commerce nous écrivait le 14 septembre 1922 ce qui suit :

« M. le Ministre des Finances vient de me faire connaître, « disait-il, qu'une circulaire en date du 5 août 1922 a prescrit « au Service de l'Enregistrement d'user de modération dans « l'application du droit de timbre aux ordres d'expédition ou « d'enlèvement, notes, bordereaux, avis d'arrivée et autres « documents analogues remis par des tiers aux entrepreneurs « de transport ou créés par ces derniers en vue d'assurer « l'expédition ou la livraison des marchandises. »

« Mon collègue ajoute qu'en l'état actuel de la question il « ne lui paraît pas possible d'entrer dans la voie d'une réforme « législative, particulièrement délicate à poursuivre, et il « demeure persuadé que l'application libérale de la législation « existante, notamment en fournissant aux expéditeurs tous « renseignements utiles, saura concilier les intérêts du Trésor « et ceux du contribuable. »

L'Administration elle-même reconnaissait ainsi que l'application stricte de la loi était trop rigoureuse et que le contribuable se trouvait soumis à l'arbitraire de ses agents auxquels elle prescrivait la modération.

Quelque temps après, le 16 février 1923, M. Georges Aimond, député, déposait sur le bureau de la Chambre une proposition de loi ainsi conçue :

« Article unique. — Les écrits, quelle qu'en soit la nature, « destinés à former la lettre de voiture ou à suppléer cette pièce « pour un transport dont tout ou partie doit être exécuté par « voie ferrée, sont exempts de tous droits de timbre.

« Toutes lois antérieures sont et demeurent abrogées en « ce qu'elles peuvent avoir de contraire à la disposition qui « précède. Cette proposition fut approuvée et recommandée « par de nombreux groupements. »

D'autre part, l'Assemblée des Présidents des Chambres de Commerce tenue le 27 février 1923 considérait que l'interprétation de la loi du 13 brumaire an VII et de la loi du 11 juin 1842 suivie par l'Administration de l'Enregistrement favorisait l'arbitraire dans la taxation et entravait la liberté des transactions, qu'il convenait dès lors d'établir des règles précises en rapport avec la pratique commerciale et les conditions économiques, émettait un vœu dans le même sens et disait notamment qu'en aucun cas l'ordre donné par écrit à un entrepreneur de prendre livraison d'une expédition et de remettre les marchandises la composant à un ou plusieurs destinataires, ne pourra motiver la perception d'un droit de timbre pour lettres de voiture.

Ceux qui pensaient qu'à la suite des protestations qui s'étaient manifestées et des suggestions qui étaient présentées par un groupement aussi important que l'Assemblée des Présidents des Chambres de Commerce de France, l'Administration allait établir une nouvelle réglementation qu'elle aurait dû elle-même désirer, ne tardèrent pas à être détrompés. En présence du tollé général que son attitude avait soulevé, elle pensa qu'il fallait tout de même faire une concession, et, par la loi du 30 juin 1923, article 14, elle réduisait le droit de timbre des lettres de voiture à 25 centimes et renvoyait à un décret ultérieur la fixation de la date d'entrée en vigueur et des conditions d'application des dispositions qu'elle édictait ; mais elle ne changeait rien quant au défaut de précision des anciennes lois et ne mettait pas fin d'une façon définitive aux errements qu'elle suivait depuis 1910.

Le décret a paru le 24 décembre 1923, il indique que le timbre de 25 centimes sera apposé sur tous les écrits passibles de l'impôt, précise la manière de l'oblitérer et fixe l'entrée en vigueur de l'article 14 de la loi précitée au 1er janvier 1924.

La question de principe qui avait donné lieu depuis plus de dix ans à tant de délibérations de groupements autorisés, à tant de discussions entre eux d'une part, l'Enregistrement et les Ministères de l'autre, n'était pas résolue. Ce que l'on voulait, c'était avant tout de la clarté et de la précision pour éviter dans la mesure où cela est possible des conflits entre le Commerce et l'Administration.

Sans entrer dans une discussion juridique complète qui nous entraînerait trop loin et que l'on peut trouver dans le rapport de la Chambre Syndicale des Transports de Paris, sous la signature de son président, M. Hector l'Herbier, il est possible de faire ressortir, par quelques considérations, les tendances arbitraires actuelles de l'Enregistrement et de montrer les graves inconvénients qui en résultent.

Si l'on examine intégralement l'énumération contenue dans l'article 12 de la loi du 13 brumaire an VII, on remarque qu'il s'agit uniquement d'actes authentiques ou, comme les actes entre particuliers du § 10, de véritables contrats synallagmatiques dès leur création, comme les actes d'association de prêts, etc. Il est donc permis de dire que le § 11 qui nous occupe devait simplement dans l'esprit du législateur être destiné à soumettre à la loi tous les écrits analogues qu'il n'avait pas été possible d'énumérer.

Et ce qui donne encore plus de vraisemblance à cette interprétation, c'est le soin pris par le législateur d'ajouter dans la même loi, article 30 : « Les écritures privées qui auraient été « faites sur papier non timbré sans contravention aux lois du « timbre, ne pourront être produites en justice sans avoir été « soumises au timbre », visant ainsi les écrits destinés à faire la preuve du contrat, et que le directeur de l'Enregistrement de Lyon prétend assimiler à la lettre de voiture.

Ce fut d'abord pendant plus d'un siècle l'opinion de l'Administration elle-même, il faut donc croire que c'était bien celle du législateur.

Aujourd'hui elle prétend qu'elle a le droit, ce qui la fait peut-être sortir de la légalité, de saisir toutes les pièces pouvant se rapporter à un transport et que ses agents ont le pouvoir arbitraire d'interpréter l'intention du commerçant ou du transporteur, de déterminer les écrits qui forment titre, et qui pourraient être, si l'on en croit des communications faites par la Direction de Lille à la Chambre de Commerce de cette ville, des lettres d'avis, des lettres missives, des notes au crayon, des factures, notes de poids, ordres d'expédition ou d'enlèvement, avis d'arrivée, feuille de route, bulletins de chargement ou de marchandises, congés ou laisser-passer des Contributions Indirectes portant au dos certaines indications et tous autres documents analogues.

De telle sorte que, sauf de rares exceptions, dont la valeur et l'opportunité auraient l'Administration pour seul juge, toutes les pièces quelconques se trouvant chez un transporteur devraient être timbrées. Par suite, si un même transport donnait lieu à une nombreuse correspondance, il y aurait perception multiple alors qu'en définitive il n'y a eu qu'un seul contrat.

Cela cause un préjudice d'autant plus grave aux intéressés que la loi de 1842 établit la solidarité entre l'expéditeur et le voiturier pour les lettres de voiture, le chargeur et le capitaine pour les connaissements, et comme les pièces sont généralement saisies chez le transporteur, c'est lui qui doit payer l'amende sauf un recours bien souvent illusoire, et en tout cas c'est un prétexte à une inquisition intolérable, qui peut s'exercer non seulement chez les entrepreneurs de transports et les agents maritimes, mais encore chez les commerçants et même les particuliers.

De plus, à la suite d'innombrables discussions, des réponses quelquefois divergentes de l'Administration et d'une Jurisprudence peu concordante, quoique cependant, il faut le reconnaître, défavorable aux intérêts que nous devons défendre, la question est devenue extrêmement confuse et il semble bien difficile que la Direction de l'Enregistrement puisse faire autre chose que conseiller la modération à ses agents comme elle l'a fait par sa circulaire du 5 août 1922 et reconnaître que la loi est trop rigoureuse, ce qui ne saurait être une solution.

L'assujetti commerçant ou transporteur ne sait plus ce qu'il doit faire et la lettre suivante qui nous fut adressée par un transitaire de notre ville quelques jours après la mise en vigueur de la loi du 30 juin 1923, montre d'une façon si saisissante leur état d'esprit, qui est celui de tous les intéressés. Il ne paraît pas inutile de la reproduire dans cette étude :

« Monsieur le Président,

« Veuillez me permettre de recourir à votre bienveillante « et compétente intervention pour élucider une question qui « m'embarrasse fort, ainsi du reste que plusieurs de mes « confrères.

« Dans son numéro du 24 décembre 1923, page 11.970, le « *Journal Officiel* publie un décret aux termes duquel toute « lettre de voiture et autres écrits ou pièces en tenant lieu « étaient passibles du droit de timbre de 25 centimes, quelle que « soit la dimension du papier employé.

« Cette rédaction un peu confuse, la généralité, l'impréci- « sion des indications fournies me paraissent de nature à

« donner lieu à des interprétations diverses de l'esprit du
« décret.

« Je vous serais infiniment obligé, Monsieur le Président,
« de bien vouloir me fixer nettement sur le point suivant.

« Doit-on considérer comme visés par le décret sus men-
« tionné les imprimés dont font usage de nombreux commer-
« çants, industriels et transitaires et communément dénommés
« bordereaux d'expédition ? Ces bordereaux indiquent la date
« de mise en gare ou sur quai, le nom et adresse du destinataire,
« marques, quantité, poids des marchandises, mode et condi-
« tion de livraison, etc.

« Une lettre traitant de la réexpédition de marchandises
« ou confirmant en les amplifiant les instructions contenues
« dans un bordereau, tombe-t-elle aussi dans la catégorie des
« écrits tenant lieu de lettre de voiture et soumise au timbre
« de 25 centimes ?

« Diverses personnes et groupements intéressés que j'ai
« consultés à ce sujet, ne me donnent que des réponses évasives
« basées sur des probabilités, des possibilités et non des assu-
« rances qui seules permettent d'agir carrément, sans courir le
« risque d'enfreindre la loi, bien involontairement, en toute
« bonne foi, et d'entrer ainsi en conflit avec l'Administration
« du Fisc, conflit dont les suites sont toujours désagréables et
« le plus souvent onéreuses. »

Tel est l'état actuel de la question.

L'abaissement du prix du timbre semble indiquer que
l'Administration reconnaît qu'elle est allée trop loin et qu'elle
éprouve la nécessité de jeter du lest, bien que l'exposé des
motifs de la loi semble le présenter comme un moyen d'éviter
l'évasion de la matière fiscale. Mais, quoi qu'il en soit, cette
manifestation ne saurait nous suffire, car, nous ne pouvons
l'ignorer, il est extrêmement facile d'augmenter le taux d'une
contribution. Ce qu'il nous faut avant tout, ce que nous devons
exiger, c'est un régime de clarté et de précision.

Diverses solutions ont été proposées sous la forme de nouveaux textes législatifs destinés à amender ceux qui sont en vigueur plutôt qu'à les remplacer, car il s'agit d'une loi organique particulièrement importante et délicate. Ceux qui émanent des groupements de transport nous paraissent présenter un certain danger en ce qu'ils envisagent en même temps les cas particuliers qui intéressent le plus leurs commettants et cela risque d'affaiblir la thèse générale.

La formule la plus simple et la plus concise est certainement celle de M. le Député Aimond, mais elle ne fait pas mention des transports par mer et c'est une grave lacune.

La première partie du vœu de la Chambre de Commerce de Paris adopté le 28 novembre 1923, à la suite du rapport de M. André Bertaut, paraît si complète et si précise qu'il semble que l'on ne puisse mieux faire que de l'adopter sans modification et cela d'autant mieux que la rédaction d'un nouveau texte pourrait fournir matière à de nouvelles discussions, ce qui prolongerait inutilement le débat.

Par contre nous ne pouvons en approuver la deuxième partie dont voici la teneur : « qu'en attendant, l'Administration « offre aux redevables de l'impôt un moyen pratique de justi- « fier que chaque expédition fait l'objet d'un titre de transport « régulier ayant par conséquent acquitté le droit de timbre », car cette rédaction semble admettre que l'Administration est au moins partiellement fondée dans ses actuelles prétentions, ce que nous ne saurions trop contester.

Il n'y a qu'une manière de sortir de ces difficultés, c'est de revenir aux principes qui émanent de l'esprit de ces anciennes lois, principes qui, après une application séculaire, ont été méconnus pour faire place à une interprétation abusive et vexatoire.

C'est dans ce but que votre Commission des transports vous propose d'adopter le vœu suivant :

La Chambre de Commerce de Marseille,

Considérant que l'interprétation de la loi du 13 brumaire

an VII (article 12, 1° § 11) et de la loi du 11 juin 1842 (article 6), adoptée par l'Administration de l'Enregistrement, favorise l'arbitraire dans la taxation et entrave la liberté des transactions ;

Qu'il convient, dès lors, d'établir des règles précises en rapport avec les pratiques commerciales et les conditions économiques ;

Que l'article 14 de la loi de crédits supplémentaires du 30 juin 1923, tout en abaissant le droit de timbre applicable aux lettres de voiture de 2 francs à 25 centimes, a laissé subsister la même incertitude quant à la nature des écrits assujettis au droit ;

Emet le vœu :

Que le Parlement adopte une disposition législative précisant, par interprétation des lois du 13 brumaire an VII et du 11 juin 1842, que seuls les titres de transport : lettres de voiture et récépissés de chemins de fer, sont assujettis au droit de timbre de 25 centimes et stipulant, d'autre part, que tous autres écrits et lettres missives qui servent à l'établissement de ces titres de transport ou des connaissements constituent des documents d'ordre intérieur et sont exempts du droit.

Ce rapport entendu, la Chambre en adopte les conclusions et les convertit en délibération dont elle ordonne en outre l'impression.

Extrait certifié conforme :

Le Rapporteur,   *Le Président,*

Emile FRANCESCHI.   Emile RASTOIN.

Marseille. — Imprimerie du *Sémaphore*, Barlatier, rue Venture, 17-19.

Imprimerie
du ''Sémaphore''
Barlatier
17-19, rue Ver
Marseille